AGRADECIMIENTO

Mil gracias a

Eric Kimmel, Lisette Bernier-McGowan, Pat Ridgeway, Dr. Sonia Cintrón Marrero,

Dr. Kin Chan, Fernando Comulada, Betsy Mays, y Tito Báez

Marshall Cavendish Corporation, 99 White Plains Road, Tarrytown, NY 10591
www.marshallcavendish.us/kids

Library of Congress Cataloging-in-Publication Data
Bernier-Grand, Carmen T.
Sonia Sotomayor : Jueza de la corte Suprema / by Carmen T. Bernier-Grand ;
illustrated by Thomas Gonzalez. – 1st ed.
p. cm.
ISBN 978-0-7614-5801-2
1. Sotomayor, Sonia, 1954–Juvenile literature. 2. Judges–United
States–Biography–Juvenile literature. 3. United States. Supreme
Court–Biography–Juvenile literature. I. Gonzalez, Thomas, 1959- II.
Title.
KF8745.S67B47 2010
347.73'2634–dc22
[B]
2009048288

Las ilustraciones dibujadas con medios mixtos, pastels, lápices técnicos, y aerografo.

Diseño del libro de Patrice Sheridan
Redactora Margery Cuyler
Impreso en Malasia (T)
Primera edición
1 3 5 6 4 2
Marshall Cavendish
Children

SONIA SOTOMAYOR

JUEZA DE LA CORTE SUPREMA

por Carmen T. Bernier-Grand

ilustrado por Thomas Gonzalez

Marshall Cavendish Children

A las madres del universo

—C.T.B-G

A mi esposa Noni y a mi hija Nina agradezco su apoyo constante en todo lo que hago

—T.G.

TAN AMERICANA COMO
EL PASTEL DE MANGÓ

Sonia en griego significa gran sabiduría
conocimiento
buena conducta

Sonia Sotomayor nace en Nueva York
el 25 de junio de 1954
de padres puertorriqueños,
Juan Luis Sotomayor
y Celina Báez de Sotomayor,

Sonia Sotomayor es nuyorican,
tan americana como el pastel de
mangó.

CORRE EN SU TRICICLO
EN BRONXDALE

Sonia tiene tres años cuando nace
su hermano,
Juan Luis Sotomayor Jr.
Lo apodan Junior.
Sus padres dicen que es tranquilo,
pero su hermana Sonia no lo es tanto.

El día que la familia se muda a Bronxdale,
un proyecto del sur del Bronx,
Sonia arranca en su triciclo,
chillan las gomas,
y raspa la pared recién pintada.

No, tranquila Sonia no es.

MAMI: CELINA BÁEZ DE SOTOMAYOR

Mami nace en 1927 en Lajas, Puerto Rico.
Mami, a los nueve años, ve morir a su mamá.
Su padre abandona los cinco hijos.
Aurora, la hermana mayor, los cría.
Mami, a los diecisiete años,
se enlista en el Cuerpo Auxiliar de
Mujeres del Ejército,
la entrenan en Georgia
y sirve en Manhattan,
se casa con Papi,
termina la escuela superior,
da a luz a dos niños, Sonia y Junior.

Mami, a los treinta años,
lleva desayuno a un vecino enfermo,
toma su temperatura y la presión arterial,
regresa a casa a cocinar arroz con habichuelas,
deja el caldero sobre la estufa por si sus hijos llegan hambrientos,
los manda a la escuela *Blessed Sacrament*,
envía la mensualidad de la *Enciclopedia Británica*,
va al *Hospital Prospect*, donde contesta teléfonos,
anuncia por el altoparlante, *"Bring down the sheets"*.
La "ee" le sale como "i".
Su jefe la aleja de los teléfonos.
La envía a tomar un curso de enfermería durante seis meses.
Mami anhela ser enfermera graduada.

PAPI: JUAN LUIS SOTOMAYOR

Papi nace en 1921 en Santurce, Puerto Rico.
En tercer grado deja la escuela.

Un defecto cardiaco le impide ir al ejército.
Se muda a Manhattan durante la Segunda Guerra Mundial.

Papi es sumamente diestro en su oficio.
Hace herramientas que cortan y dan forma a los metales.

Papi es buen cocinero.
Su mofongo es el más sabroso del sur del Bronx.

Papi no sabe inglés;
Sonia le habla en español.

Lleva a Sonia al *Yankee Stadium*
a ver jugar a los Yankis.

Cuando cantan el *Star Spangled Banner*,
se levantan y ponen la mano derecha sobre el corazón.

Comiendo *frankfurters* con *catsup*,
Papi le enseña a Sonia las reglas del béisbol.

Cuando un Yanki batea un *jonrón*,
Papi lanza su gorra al cielo.

¡Wepa!

JUEGA AL BINGO EN BRONXDALE

Sonia marca con un garbanzo el último cuadro vacío.

—¡Bingo! —grita.

La boca de Junior se distorsiona.

¡Su hermana ganó otra vez!

Los primos Mili, Eddie y Nelson colocan los garbanzos

de sus tarjetas sobre la mesa para comenzar un nuevo juego.

Sonia está tan hambrienta como una barracuda.

Papi cocina patitas de cerdo con garbanzos,

las hierve lentamente hasta que están tiernas.

Titi Carmen, Titi Gloria y Mami

les ofrecen queso de cabra con pasta de guayaba.

La cabeza, los pies, y las caderas de ellas bailan

al ritmo del merengue que suena en el tocadiscos.

Papi acompaña la melodía haciendo

clic-clic con dos dóminos.

"¡Eh-eh, ah! palo bonito palo es."

Los dominós en la mesa se parecen

a los edificios de Bronxdale,

centro del universo de Sonia.

VACACIONES EN PUERTO RICO

La familia en la isla los espera
en el aeropuerto de San Juan,
un ir y venir de abrazos y besos.

Sus carros, tan repletos como *subways*,
van en caravana hacia Mayagüez.
Toros cebúes mueven sus colas cuando
los carros pasan.

En Mayagüez, Sonia, descalza, compra una piragua
de frambuesa con tamarindo,
una pirámide de hielo raspado cubierta de almibar
de tamarindo.

En la Playa de Boquerón, una ola arrastra a Sonia.
La falda de encaje de mundillo de la ola regresa a Sonia a la
arena blanqueada por el sol.

Cuando el cielo se pone anaranjado,
se escuchan historias familiares en los balcones.
Las primas juegan *jacks* con Sonia.

Cientos, no, miles de sapitos cantan "Coquí-coquí".
Sonia se duerme arrullada.

Cuando regresa a Nueva York, no puede dormir
sin el coquí-coquí-coquí-qui-quí.

SIN DULCES

Sonia—
Medio atontada, soñolienta,
hambrienta, sedienta.
¡Ay! El doctor le puya la yema del dedo
con una agujita.
Lo aprieta.
Sale una gota de sangre.

Sonia tiene diabetes.
¿Qué es eso? ¿Qué quiere decir?
No más pasta de guayaba. No más piraguas.
Sonia tiene que aprender a ponerse inyecciones de insulina.
Todos los días una inyección en la barriga.
¿Por qué no puede ser como cualquier otra niña de tercer grado?

LEE EN INGLÉS

Los dedos de Sonia recorren cada palabra.

Quizás la maestra no la llame.

La maestra la llama.

Sonia lee. *"Chark."*

"Shark", la maestra la corrige.

El sonido *sh* no existe en español.

Sonia tiene un secreto vergonzoso:

Las palabras en inglés no tienen sentido.

LLORA POR PAPI

Papi se murió.
La gente dice que murió "de repente",
como si "de repente" fuese una enfermedad.
Papi murió de un ataque al corazón.
Titi Gloria le dice a Junior y a Sonia
que Papito Dios se llevó a Papi al cielo.
Sonia se imagina a Papi flotando en el cielo
    como Gasper el fantasma amigable de las historietas.

Tías, vestidas de negro como los cuervos, llegan de Puerto Rico.
Sus alas envuelven a Sonia. "¡Ay, bendito!".
    Susurran las interminables letanías del rosario.
    "Santa María, ruega por nosotros."
Nombres en las cintas de las coronas de flores brillan cerca del ataúd de Papi.
Papi está frío. Necesita una frisa.
Mami toma a Junior por la muñeca, y a Sonia por la mano izquierda.
    Tric-trac. Tric-trac. Tric.
Pasos lentos y fúnebres siguen el ataúd al cementerio.

CON LAS TÍAS EN NUEVA YORK

Titi Carmen lleva a Sonia y a Junior al *Yankee Stadium*.
Sonia se sienta en una grada
aún palpitante con los recuerdos de Papi.
Es a él a quien Sonia le debe el ser fanática
del béisbol.
Es a él a quien le debe que le gusten tanto
los Yankis.

Titi Gloria los lleva a ver la película *El circo*.
Actúa el comediante mejicano Cantinflas.
Llegan tarde; ven la mitad de la película.
Se quedan para la próxima tanda y ven la primera mitad.
No ven la película de principio a fin.

ENTIENDE CUENTOS

¿Cómo sucedió?
Sonia no sabe.
En quinto grado, Sonia comienza a comprender
los cuentos que lee en inglés.

UNA NANCY DREW NUYORICAN

Mami tiene dos trabajos.
Cuando Abuelita no puede cuidar a Sonia y a Junior,
los niños tienen que irse a la fábrica de ropa con Titi Gloria.

    Monstruosas máquinas de coser arrancan,
    las ventanas se ponen negras.
    Aire fresco, por favor.

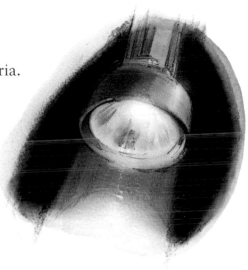

Sonia le presta a Junior sus historietas de *Gasper* y *Archie*.
Ella se sumerge en la serie de libros de *Nancy Drew*,
sueña con ser detective, como Nancy.
Seguir pistas. Atrapar criminales.
Sonia ve *Perry Mason*,
sueña con ser abogada, como Perry.
Luchar en contra del crimen.
Luchar en contra de la injusticia.
Traer ley y orden a las calles.

TRABAJA FINES DE SEMANAS Y VERANOS

A los catorce años,

los sábados, los domingos, los veranos,

Sonia

Mapea pisos en la tienda de Titi Carmen.

Raspa bandejas en la panadería.

Limpia suciedades en oficinas.

Pero nunca después de la escuela.

Después de la escuela es para estudiar.

ESTUDIA EN CASA

La monja manda a niñas y niños a alas opuestas
de la escuela superior Cardenal Spellman.
Después de la escuela, Kevin, Mili, Sergio y Ken van
a casa de Sonia a usar la *Enciclopedia Británica*,
la única enciclopedia en Co-op City,
adonde Sonia se mudó.
Sonia no permite que Junior salga a la calle.
Han habido demasiados muertos.
Este mes un puertorriqueño murió
en la guerra de Vietnam,
también el mes pasado, y más el próximo más.
Con voz profunda y paciente,
Sonia habla sobre aquellos que regresan
de la guerra sin la mano derecha.
Palmea la mesa para probar su punto.
Impresionado con lo que dice sobre esta guerra
sin sentido,
Ken la anima a asistir a la Universidad de Princeton
adonde él irá el próximo año.
"De seguro te ofrecerán beca completa —le dice—."
Sonia se ríe.
"Lo único que sé de las escuelas *Ivy League*
es lo que vi en la película *Love Story*."

ESTUDIA CON MAMI

¡Mami llegó!
 Sus hijos la abrazan, la besan. "Bendición".
"Que Dios me los bendiga" —Mami contesta.
Tomando café puya, sin azúcar y sin leche,
Sonia le habla sobre la Universidad de Princeton.
"Haz lo que tú quieras —Mami contesta—,
pero hazlo bien y con orgullo".
Además de tener dos trabajos,
Mami está estudiando para hacerse enfermera graduada.
Mami, Junior, y Sonia estudian hasta la media noche.
Sonia y Junior comparten el dormitorio más grande.
Una cortina divide los dos espacios.
Mami duerme en el dormitorio pequeño... si es
que duerme.
Al amanecer, Sonia encuentra a Mami todavía
estudiando.
"Soy la mitad de la mujer que ella es".

APRENDE A ESCRIBIR EN INGLÉS

"Aislamiento social será parte de tu experiencia
—Ken le advierte a Sonia cuando llega a la Universidad de Princeton—.
Tienes que tener gran fortaleza para salir intacta."
El primer ensayo de historia de Sonia
se lo devuelven todo ensangrentado,
comentarios y correcciones en tinta roja.
¡Ni siquiera puede escribir un ensayo!
Se esconde en su dormitorio de la residencia estudiantil.
¿Deberá Sonia regresar a su casa?

Mami está sobresaliendo en su colegio universitario.
Muy pronto será enfermera graduada.
Sonia no puede decepcionar a Mami.
"Soy lo que soy por ella."
Usando libros de escuela elemental,
Sonia practica la gramática,
asiste a clases para aprender a escribir,
lee libros clásicos
Huckleberry Finn
Alice in Wonderland
Pride and Prejudice
se encierra en la biblioteca
hasta que por fin conquista la escritura.

DERECHOS DE LOS ESTUDIANTES

No hay profesores latinos
ni administradores latinos
pocas estudiantes mujeres
menos aún estudiantes latinos
en la Universidad de Princeton.
En su segundo año,
Sonia visita la oficina del presidente de Princeton.
"¿Qué bien nos hace saber lo que sucede en las montañas Urales de Rusia
si no sabemos lo que sucede a unas pocas millas alrededor de nosotros?".
Reacción fría. Algunas palabras. Cero acción.
Sonia presenta una demanda en la que acusa a Princeton
de discriminar al contratar empleados y admitir estudiantes.
"Las palabras son transitorias;
es la práctica de las ideas que uno apoya
las que afectan a la sociedad y son permanentes."
Princeton contrata un administrador latino,
    invita a un puertorriqueño a enseñar.
        Sonia recluta estudiantes minoritarios.
        "Princeton nos cambió, no sólo
            académicamente,
            sino también en lo que aprendimos
            de la vida y el mundo.
            Al mismo tiempo, nosotros
            cambiamos a Princeton."

EL MATRIMONIO CON KEVIN

En junio de 1976 Sonia se gradúa *summa cum laude* de Princeton. Se casa con su novio de la escuela superior, Kevin E. Noonan, en una capilla de la catedral de San Patricio.

"No quiero niños—dice Sonia Sotomayor de Noonan—. El ser diabética tiene que ver con esto; hay posibles riesgos de salud, pero hay muchas mujeres diabéticas que felizmente se arriesgan. Supongo que soy muy egoísta con mi vida, conmigo misma. No creo que libremente pueda dedicarle a un niño la atención que necesita."

Su carrera es su vida. Sonia es estudiante de leyes de la Universidad de Yale; Kevin es estudiante de posgrado en Princeton. Se distancian. Se divorcian después de siete años.

SUEÑA VERDADEROS SUEÑOS

La estudiante de Princeton que no podía escribir bien
es la editora del *Yale Law Journal*.
Después de graduarse de abogada en la Escuela de Leyes de Yale,
Sonia trabaja en la Fiscalía del Distrito de Manhattan
como fiscal de delincuencia callejera:
robos de carteras, vandalismo, robos de carros.
Cinco años y pico más tarde,
Sonia se une al bufete de abogados
Pavia & Harcourt.
Cuando investiga falsificadores,
Sonia se pone un chaleco a prueba de balas,
realizando su sueño de Nancy Drew.

TOCA EL CIELO

1991

Es el año en que el socio de Sonia la anima a solicitar el puesto de jueza federal

Es el año en el que Sonia cumple treinta y siete años, demasiado joven para el puesto.

"Jamás me considerarán."

Es el año en el que el Presidente George H.W. Bush nomina a Sonia para ser jueza federal en el Distrito Sur de Nueva York.

1992

Es el año en el que confirman a Sonia fácilmente.

Es el año en el que renuncia a un salario alto, al paisaje de Manhattan

y a las pinturas italianas

por ponerse con entusiasmo la toga de jueza.

Es el año en el que la corte la nombra como la primera jueza federal nuyorican.

"Siento que puedo tocar el cielo."

FIRMA LA PRIMERA CONDENA

Sola en su oficina,

Sonia firma la primera condena.

Manda a

un nuyorican

drogadicto

de los proyectos

a cumplir cinco años de prisión.

Pudo haber sido ella o Junior,

si no hubiese sido por Mami.

UN JONRÓN DESDE EL TRIBUNAL

"No se puede crecer en el sur del Bronx
       sin saber nada de béisbol."
              "¡Jueza! ¡Jueza!".
                     Amigos de Bronxdale la llaman en el *Yankee Stadium.*
                            Sonia se sienta con ellos en las gradas.
Los jugadores de béisbol decidieron hacer huelga,
       protestando las nuevas reglas de los dueños.
              ¡Es la primera vez en noventa años que no hay Serie Mundial!
                     Esta disputa puede arruinar el béisbol para todos.
El 30 de marzo de 1995
       la jueza Sotomayor preside una audiencia.
              Regaña a los dueños por sus injustas prácticas laborales.
                     "Una parte no puede salir con nuevas reglas
                            a menos que las negocien con la otra parte."
Anima a las dos partes a que salven la temporada de 1975,
       llegar a un nuevo acuerdo laboral, cambiar su actitud.
              Sonia salva el béisbol.

TOMA UN JURAMENTO DE AMOR

En el 1997 el Presidente Bill Clinton promueve a Sonia
a jueza de la Corte de Apelaciones en el Segundo Circuito de Nueva York.
Algunos senadores le buscan sus puntos débiles.
  "Es mujer. Es latina. Es católica.
  De seguro es muy liberal."
El Senado pospone el voto.
Sonia espera, espera con el hombre a quien ama, Peter White.
En octubre de 1998, casi un año después de la nominación,
confirman finalmente a Sonia.
"Nunca me he considerado pobre
porque he sido rica
en las cosas más importantes de la vida:
el amor, el cariño y el apoyo de mi familia, de mis amigos,
y a veces hasta de extraños."
A su comprometido le dice:
"Peter, me haz hecho
una persona completa, llenando no sólo los vacíos
que existían en mí antes de ti,
sino haciéndome una persona mejor, más amorosa
y más generosa".
Peter la ayuda a ponerse la toga negra de jueza.

SIN LA MISMA SUERTE

Sonia preside
el matrimonio de Mami con Omar López.
Omar le trae a Mami alegría y romance.
Sonia no tiene la suerte de Mami.
Peter prefiere los lagos y los senderos de los bosques
a caminar por el puente de Brooklyn,
al carbón en el horno de ladrillos en *Grimaldi's Pizzeria*,
a los chorizos que cuelgan del techo en *Joe's Dairy*,
al béisbol del *Yankee Stadium*, a las obras teatrales de Broadway,
al *American Ballet Theater*, al *Metropolitan Opera House*,
al Nueva York tan impresionante que Sonia ama.

Peter compra un bote, navega los lagos del norte de Nueva York,
 se casa con una mujer catorce años más joven que Sonia,
una mujer que Sonia conoce.

RIZOS DE ORO EN CORTE CRIMINAL

"Yo he logrado mucho.
Ustedes también pueden lograr mucho
—les dice Sonia a los estudiantes de escuela superior—,
sólo tienen que trabajar duro."
Ella y sus amigos abogados
les enseñan a hablar en público, cómo vestirse,
cómo ser abogados.
Hacen un juicio simulado.

Rizos de Oro está acusada de robo,
de entrar y quedarse en la casa de los tres ositos,
de robarse la avena y romperles las sillas.

Los estudiantes escriben guiones para sus roles
de fiscales, defensores y jurado.
Presentan el caso a la Jueza Sotomayor.
¿Es Rizos de Oro culpable o no culpable?

¿QUIÉN SOY?

El 26 de mayo de 2009 en el Salón del Este de la Casa Blanca
El presidente Barack Obama anuncia que Sonia es su candidata
para la Corte Suprema.
La llama "una mujer que inspira a la gente"
con una "trayectoria extraordinaria".
Mami y Junior, hoy Dr. Juan Luis Sotomayor,
están presentes cuando Sonia dice:

"Estoy parada aquí gracias a muchas personas.
Sin embrago hay una persona extraordinaria quien es mi inspiración en la vida.
Esa persona es mi madre, Celina Sotomayor".

Comienza la audiencia pública. Los senadores le hacen preguntas a Sonia.
Palmeando la mesa suavemente,
ella contesta con una voz calmada, profunda, paciente.
Algunos senadores no están satisfechos con sus respuestas.
¿Confirmarán a Sonia? ¿Durará el proceso un año otra vez?
Los senadores piden una semana extra para considerar
su nombramiento.
Mami espera. Junior espera. Sonia espera.

"¿Quién soy? Soy una nuyorican,
nacida y criada en Nueva York
por padres puertorriqueños."
El 6 de agosto de 2009 el Senado vota.

Sonia Sotomayor,
tan americana como el pastel de mangó,
es la primera jueza latina
electa a la Corte Suprema de
los Estados Unidos.

LA TRAYECTORIA EXTRAORDINARIA
DE LA JUEZA SUPERIOR
SONIA SOTOMAYOR

"Si le dedicaran más tiempo a aplicarse

en vez de estar preocupándose por los resultados,

podrían llegar más lejos."

Sonia Sotomayor nació el 25 de junio de 1954 en la Ciudad de Nueva York. Su padre, Juan Luis Sotomayor, era un herrero de Santurce, Puerto Rico. Su madre, Celina Báez de Sotomayor, nació en Lajas, Puerto Rico, fue telefonista y más tarde enfermera.

Cuando Sonia tenía tres años nació su hermano Juan (Junior), y la familia se mudó a Bronxdale, un proyecto para personas de bajos ingresos en el sur del Bronx. La abuela de Sonia, sus tíos, tías y primos vivían muy cerca y se visitaban a menudo.

Sonia tenía ocho años cuando fue diagnosticada con diabetes infantil. Tuvo que aprender a ponerse inyecciones de insulina para controlar su enfermedad. Los residentes de los proyectos decían que su mamá ponía inyecciones que no dolían. Sonia no piensa igual.

Celina Sotomayor planeaba retornar a la escuela de enfermería en septiembre de 1963, pero en abril le dio a su esposo un ataque al corazón y murió. Celina tuvo que olvidar sus sueños y ponerse a trabajar en dos trabajos; seis días a la semana.

Aunque Celina no ganaba suficiente dinero para pagar la escuela privada de sus hijos, se sacrificó para comprarles la *Enciclopedia Británica*. Creía que una buena educación era necesaria para salir de la pobreza y esforzaba a sus hijos a que estudiaran.

Sonia podía leer inglés en voz alta, pero no comprendía lo que estaba leyendo. Fue en quinto grado cuando comenzó a entender lo que leía. Un nuevo mundo se abrió. Soñaba con viajar y llegar a ser detective, como Nancy Drew.

Durante su primer año en la Escuela Superior Cardenal Spellman, los muchachos estaban segregados de las muchachas y estudiaban en alas opuestas de la escuela, pero ya para cuando Sonia se estaba graduando valedictorian de su clase, las monjas habían eliminado esa regla. Fue en esa escuela donde Sonia conoció a Kevin Noonan. Se casaron en 1976, inmediatamente después de que ella se graduara de la Universidad de Princeton. Se divorciaron siete años después, quizás porque Sonia, quien sufría de diabetes, no pensaba que deberían tener hijos. También estaban bien ocupados, tan ocupados que apenas pasaban tiempo juntos.

Sonia dice que en la Universidad de Princeton se sentía como si estuviera en una tierra extraña. Ella no había tenido la misma educación ni había viajado como sus otros compañeros. Sin embargo, sabía que, si dejaba la universidad, su mamá iba a estar sumamente decepcionada. Después del tercer año de Sonia en la escuela superior, Celina Sotomayor asistió a Hostos Community College para convertirse en enfermera. Si ella pudo lograr sus sueños, Sonia también podía. En Princeton, Sonia tuvo que estudiar muy duro. Su participación en grupos como Acción Puertorriqueña y Third World Center le evitaron quedarse aislada. Después de cuatro años de arduos estudios y actividades extracurriculares, recibió el Premio Taylor Pyne. Escribió su tesis de cuarto año sobre el primer gobernador electo en Puerto Rico, Don Luis Muñoz Marín. Sonia se graduó con la llave *Phi Beta Kappa* y *summa cum laude* con un bachillerato en historia.

Después de Princeton, Sonia estudió en la Escuela de Leyes de la Universidad de Yale y fue editora del *Yale Law Journal*. Durante una cena de reclutamiento, abogados de una firma de Washington, D.C. comentaron que Sonia había logrado entrar a Yale no por sus esfuerzos sino porque existía *affirmative action*. Sonia presentó una queja. Se formó un tribunal de facultad y estudiantes para decidir si deberían prohibirle a la firma reclutar estudiantes de Yale. Dos de los tres miembros de la facultad, ambos blancos, decidieron a favor de la firma, pero los estudiantes defendieron a Sonia y se le exigió a la firma que se disculpara.

En junio de 1979, Sonia se graduó como abogada de Yale. Mientras tanto su hermano Juan se graduó del Sophie Davis School of Biomedical Education en City College. (Hoy en día es doctor de alergias y asma cerca de Syracuse, Nueva York.)

Después de la escuela de leyes, Sonia trabajó como asistente del fiscal de distrito en Manhattan, y después como asociada. Más tarde llegó a ser socia de la firma Pavia & Harcourt en Nueva York.

En 1991, el senador Patrick Moynihan recomendó a Sonia al Presidente George H. W. Bush. El Presidente la nominó para jueza de la corte federal. Fue confirmada fácilmente.

Una leyenda dice que Sonia salvó el béisbol. El 30 de marzo del 1995 ella expidió un mandato judicial contra de los dueños de los equipos de béisbol, terminando así una huelga de siete meses que canceló la Serie Mundial por primera vez en noventa años.

Durante ese tiempo Sonia conoció a Peter White, contratista de una empresa de construcciones de Brooklyn. Aunque los dos habían nacido en el Bronx, tenían poco en común. A él le encantaba el campo. Ella amaba la Cuidad de Nueva York. Aún así vivieron juntos y se comprometieron para casarse.

En 1997, el Presidente Bill Clinton nombró a Sonia como jueza de la Corte de Apelaciones. Temiendo que Sonia pudiese ser muy liberal y quizás la candidata del Presidente Clinton para la Corte Suprema, el Senado de los Estados Unidos demoró el voto por un año.

El día de su confirmación su comprometido Peter White la ayudó a ponerse la toga judicial. Sin embrago, después de la fiesta de los cincuenta años de Sonia, Peter la dejó por una muchacha catorce años más joven.

Algunas personas piensan que Sonia infunde miedo en la corte. Otras personas la defienden diciendo que ella no tolera cuando los abogados se presentan mal preparados a la corte. Ella trabaja fuertemente y sigue las leyes cuando está decidiendo un caso. Espera que todos hagan lo mismo. Sus empleados dicen que ella los invita a fiestas de navidad y que es una madrina amorosa de los hijos de sus empleados.

Hasta el 2009 habían habido sólo dos mujeres que hubiesen estado al servicio de la Corte Suprema, y nunca había habido un juez supremo latino. Pero el 26 de mayo de 2009 el Presidente Barack Obama nominó a Sonia Sotomayor para la Corte Suprema.

"Casi no puedo sentir mi cuerpo —dijo su mamá el día en que se anunció la nominación—. Así de orgullosa estoy por ella."

El 6 de agosto de 2009 el Senado votó 68 a 31 a favor de Sonia como la jueza superior número 111. Dos días más tarde con su madre sosteniendo la Biblia y su hermano a su lado, Sonia Sotomayor tomó el juramento como la primera jueza hispana de la Corte Suprema, la corte más alta de los Estados Unidos de América.

GLOSARIO

¡Ay, bendito!: Expresión que a menudo denota tristeza

Bachillerato: Licenciatura

Café puya: Café tinto sin azúcar

Cantiflas: El comediante mejicano Fontino Mario Alfonso Moreno Reyes

Dóminos: Dominós

"¡Eh-eh-ah! palo bonito palo es:" Lírica del merengue Palo bonito

Escuela Superior: Secundaria

Escuelas Ivy League: Asociación de ocho universidades y colegios en el noreste de los Estados Unidos: Brown, Columbia, Cornell, Dartmouth, Harvard, Princeton, la Universidad de Pensilvania, y Yale.

Frankfurters: Salchichas

Frisa: Manta

Habichuelas: Frijoles

Jonrón: Home run

Lajas: Pueblo en el oeste de Puerto Rico, donde nació la mamá de Sonia

Mangó: Mango

Mapear: Lavar pisos

Mayagüez: Tercera ciudad de Puerto Rico

Merengue: Música original de la República Dominicana

Mofongo: Plátanos machacados y con sabor a ajo

Mundillo: Tejido echo con bobinas

Nueva York: New York

Nuyorican: Persona nacida en Nueva York de padres puertorriqueños.

Piragua: Granizada. Cono lleno de hielo triturado y endulzado con
siropes

Santurce: Vecindario de San Juan

Shark: Tiburón

Star Spangled Banner: Himno nacional de los Estados Unidos

¡Wepa!: Expresión de sorpresa y alegría

Yanki: Yankee

CRONOLOGIA

1954—El 25 de junio Sonia Sotomayor nace en la Ciudad de Nueva York.

1957—Nace el hermano de Sonia, Juan Luis Sotomayor, Jr. La familia se muda a Bronxdale, un proyecto para personas de ingresos bajos en el sur del Bronx.

1962—Se le diagnostica diabetes infantil a Sonia.

1963—El padre de Sonia, Juan Luis Sotomayor Sr., muere a los cuarenta y dos años de un ataque al corazón.

1972—En junio, Sonia se gradúa valedictorian de su clase en la Escuela Superior Cardenal Spellman. En septiembre ingresa a la Universidad de Princeton.

1973—La mamá de Sonia se gradúa del programa de enfermería del Hostos Community College de City University en Nueva York.

1976—Sonia recibe el Premio Taylor Pyne por sus excelentes calificaciones y actividades extracurriculares. Su tesis de cuarto año es sobre el primer gobernador electo en Puerto Rico, Don Luis Muñoz Marín. En junio, se gradúa con la llave *Phi Beta Kappa* y *summa cum laude* con un bachillerato en historia. El 14 de agosto, se casa con su novio de la escuela superior, Kevin Edward Noonan.

1979—En junio, después de haber servido como editora del *Yale Law Journal*, Sonia se gradúa de abogada de la Escuela de Leyes de la Universidad de Yale. Su hermano se gradúa del Sophie Davis of Biomedical Education de City College en City University de Nueva York.

1979-84—Sonia procesa delitos en su posición de asistente del Fiscal de Distrito en laFiscalía de Nueva York.

1983—Sonia y Kevin se divorcian.

1984-1987—Sonia es un miembro del bufete de Pavia & Harcourt.

1988-1992—Sonia se hace socia del bufete de Pavia & Harcourt.

1991—En noviembre el presidente George H.W. Bush nomina a Sonia para el puesto de jueza federal en la Corte de Distrito del sur de Nueva York.

1992—El 11 de agosto, el senado de los Estados Unidos confirma a Sonia como jueza federal.

1995—El 31 de marzo, Sonia expide un mandato judicial en contra de los dueños de los equipos de béisbol, terminando así una huelga de siete meses que canceló la Serie Mundial por primera vez en noventa años.

1997—El presidente William J. Clinton nomina a Sonia para servir de jueza en la Corte de Apelaciones en el Segundo Circuito de Nueva York.

1998-2007 Sonia es profesora en la Escuela de Leyes de la Universidad de Nueva York.

1998—Sonia se compromete para casarse con Peter White, un contratista de la Ciudad de Nueva York. El 2 de octubre se confirma a Sonia como jueza de la Corte de Apelaciones en el Segundo Circuito de Nueva York.

1998-2009—Sonia sirve como jueza de apelaciones.

1999-2009—Sonia es profesora en la Escuela de Leyes de la Universidad de Columbia.

2000—Sonia y Peter White se separan.

2009—El 26 de mayo el presidente Barack Obama nomina la jueza Sonia Sotomayor para una posición en la Corte Suprema. El 6 de agosto, el Senado confirma a la Jueza Superior Sonia Sotomayor. El 8 de agosto, Sonia Sotomayor toma el juramento.

FUENTES DE INFORMACION

Abanet.org. "National Hispanic Heritage Month 2000," American Library Association. Octubre 2000. http://www.abanet.org/publiced/Hispanics.html

ABCNews. "Life of Sonia Sotomayor," mayo 2009

Beck, Joe. "Sonia Sotomayor Reflects on her Success," *The Hispanic Outlook*, 27 de marzo de 2003.

Becker, Jo and David Gonzalez. "Sotomayor, a Trailblazer and a Dreamer," 26 de mayo de 2009. http://www.nytimes.com/2009/05/27/us/politics/27websotomayor.html

Bernier-Grand, Carmen. Entrevista a José Alberto (Tito) Báez. Tito's Bakery, Mayagüez, Puerto Rico, 28 de julio de 2009.

Bort, Ina R. "Hon. Sonia Sotomayor: U.S. Circuit Judge, U.S. Court of Appeals for Second District," *The Federal Lawyer*, febrero 2006.

Carson, Nancy. *Believing in Yourselves*. Kansas City: Andrew McMeel Publishing, 2002.

Falcón, Angelo. "Sonia Sotomayor as American as Mango Pie," www.CNN.com 3 de julio de 2009.

Graglia, Diego. "Pride of Sonia Sotomayor Reflected in Spanish-Language Media," 27de mayo del 2009 http://feetin2worlds.wordpress.com

Kantor, Jodi and David Gonzalez. "For Sotomayor and Thomas, Paths Fork at Race and Identity," *The New York Times*, Domingo, 7 de junio de 2009.

Kellman, Laurie. "Sotomayor tastes: Pig innards, 'Law & Order'" The Associated Press, 5 de junio de 2009.

Lacayo, Richard. "Sonia Sotomayor: A Justice Like No Other," http://www.time.com/time/nation/article/0,8599,1901348,00.html

Lawton, Catherine. "A Touch of Class" *Mademoiselle*, septiembre 1986.

López Cabán, Cynthia. "Sería un regalo maravilloso," El Nuevo Día, 2 de mayo de 2009.

Mulero, Leonor. "Una carrera judicial llena de logros," El Nuevo Día, 23 de diciembre del 1998.

Nicholas, Peter and James Oliphant. "Sonia Sotomayor: Two Sides of a Life," *The Swamp*, 31 de mayo de 2009.

Nieves Ramírez, Gladys. "Orgullo de la en Mayaguez," El Nuevo Día, 23 de diciembre de 1998.

NYtimes.com http://www.video.on.nytimes.com/2009/06/10/politics/

Sanchez-Korrol, Virginia. "Mentoring Sonia: The Case of Celina Sotomayor," http://www.huffingtonpost.com/virginia-sanchexkorrol/mentoring-sonia-the-case-of-celina-sotomayor

Smith, Greg B. "Judge's Journey to Top," New York: *Daily News*, 24 de octubre de 1998.

Sotomayor, Sonia. Mario G. Olmos Memorial Lecture; "A Latina Judge's Voice," delivered at the University of California School of Law in 2001 and published in *Berkeley La Raza Law Journal*, primavera de 2002.

Sotomayor, Sonia. "Letter to the Editor: Anti-Latino Discrimination at Princeton," *The Daily Princetonian*, 10 de mayo de 1974.

Powell, Michael, Russ Buettner and Serge F. Kovaleski. "To Get to Sotomayor's Core, Start in New York, *The New York Times*, 10 de julio de 2009.

Tedford, Deborah. "Obama Chooses Sotomayor for Supreme Court," NPR, 24 de junio de 2009.

Time.com. "How Sotomayor 'Saved' Baseball." http://www.time.com/time/nation/article/0,8599,1900974,00.html

Vega, María. "Frentes y perfiles de una jueza," El Diario La Prensa, 10 de octubre de 1998.

Vistas en el Senado de los Estados Unidos. Julio 14-16 de 2009.

White House. "Background on Judge Sonia Sotomayor," 26 de mayo de 2009.

NOTAS

Tan americana como el pastel de mangó

Tan Americana como el pastel de mangó: Falcón, Angelo, "Sonia Sotomayor as American as Mango Pie."

Corre en su triciclo en Bronxdale

Bronxdale: Proyecto en el sur del Bronx que tiene veintiocho edificios de siete pisos.

Mami: Celina Báez de Sotomayor

La hermana de Celina, Aurora, vivió con ellos en Nueva York.

Cuerpo Auxiliar de Mujeres del Ejército: *Women's Army Auxiliary Corps (WAAC):*

150,000 mujeres americanas quienes sirvieron en la Segunda Guerra Mundial. En el Ejército fueron las primeras, después de las enfermeras.

"Bring down the sheets:" www.nytimes.com

Papi: Juan Luis Sotomayor

Papi: Mientras Mami terminaba la escuela superior, Papi era chofer de camiones.

Jugando al Bingo en Bronxdale

Primos: Milagros Báez O'Toole, Eddie and Nelson Sotomayor.

Vacaciones en Puerto Rico

Primos: Irma, Rosa, Mario, Eva Leonor y José Alberto (Tito) Báez.

Con las tías en Nueva York

Películas: El teatro de la avenida Brook presentaba películas en español.

Una Nancy Drew Nuyorican

Los dos trabajos de Mami: Telefonista y enfermera práctica en el hospital Prospect en el Bronx. Más tarde fue enfermera graduada de la Clínica de Salud Mental Vélez.

Perry Mason: Sin duda Sonia notó que en el programa habían no sólo jueces sino también juezas.

Trabaja los fines de semanas y veranos

Titi Carmen: Esta tía tenía una tienda de ropa en Hunts Point en el Bronx.

Estudia en casa

Alas opuestas: Sonia todavía estaba en el Cardenal Spellman cuando las monjas decidieron tener a los muchachos y muchachas juntos.

Mili: Milagros Báez O'Toole es prima de Sonia.

Ken: El inmigrante chino Kenneth Moy estaba un año más adelantado que Sonia.

Sergio: El cubano Sergio Sotolongo estaba un año más atrasado que Sonia en el Cardenal Spellman y después en Princeton.

Kevin: Kevin Edwards Noonan era novio de Sonia. Se graduó con un doctorado en microbiología de la Universidad de Princeton y de abogado de la Escuela de Leyes John Marshall. Hoy en día representa clientes de compañías biomédicas y biotecnológicas.

Co-op City: En estos años Sonia y su familia vivieron en Co-op City, un proyecto más tranquilo que Bronxdale. Co-op City tenía treinta y cinco edificios en el Bronx.

Estudia con Mami

Mami: Cuando Sonia estaba en su tercer año de escuela superior, Celina Sotomayor se fue a estudiar a Hostos Community College de la Universidad de Nueva York. De ahí se graduadó como enfermera.

"I am half the woman . . .": "The Life of Sonia Sotomayor."

Aprende a escribir en inglés

"Aislamiento social": Becker, "Sotomayor, a Trailblazer and a Dreamer," p. 2.

Ken: Kenneth Moy es abogado en Oakland, California.

Clase de historia: La profesora Nancy Weiss Malkiel, quien era tutora de Sonia para que pudiese escribir analíticamente, dice que para el final del año Sonia había progresado muchísimo.

"Soy lo que soy": "The Life of Sonia Sotomayor," ABC News.

Derechos de los estudiantes

"¿Qué bien:" Sotomayor, "Letter to the Editor: Anti-Latino Discrimination at Princeton."

"Las palabras son transitorias": Ibid.

"Princeton nos cambió": Beck, "Sonia Sotomayor Reflects in her Success."

El matrimonio con Kevin

"No quiero niños": Lawton, "A Touch of Class," p. 322. No tiene niños, pero se dedica a sus sobrinos (Conner y Corey Sotomayor), su sobrina (Kylie Sotomayor) y muchos ahijados, hijos de sus empelados.

Sueña sueños verdaderos

Crímenes: Sonia trabajaba en la Fiscalía del Distrito de Manhattan.

Bufete: Pavia & Harcourt

Toca el cielo

Socio: David A. Botwinik

"Jamás me considerarán": Abanet.org "National Hispanic Heritage Month 2000"

Votos: 68 sí y 28 no.

"Siento que puedo tocar": www.nytimes.com

Un jonrón desde el tribunal

"No se puede crecer": *TIME*. "How Sotomayor 'Saved' Baseball" p. 1.

"¡Jueza!": Becker. "Sotomayor, a Trailblazer and a Dreamer." p. 6.

"Una parte no puede": *TIME*. "How Sotomayor 'Saved' Baseball" pp. 1-2.

El hombre a quien ama

"Es mujer": Smith, "Judge's Journey to Top"

"Nunca pensé que era pobre": Carson, Believing in Yourselves, p. 27.

"Peter, me has hecho": Michael Powell, "To Get to Sotomayor's Core" p. A16.

Sin la misma suerte

Omar López: El argentino, Omar, quien trabajó en un tienda de piezas de automóviles, vive con Mami en una comunidad de jubilados en Margate, Florida.

Rizos de Oro en la corte criminal

Rizos de Oro: El programa después de la escuela llamado *Development School for Youth*, les da una introducción sobre la vida profesional a estudiantes de la ciudad.

"he logrado": Audiencia en el Senado, 15 de julio del 2009.

"¿Quién soy?"

Junior: Juan Luis Sotomayor Jr. es un doctor especializado en alergias y asma cerca de Syracuse, Nueva York. Está casado con Tracey Sotomayor y tiene tres hijos: Conner, Corey y Kylie.

"una mujer que inspira a la gente": Tedford, "Obama Chooses Sotomayor for Supreme Court," p.1.

"trayectoria extraordinaria": Lacayo, "Sonia Sotomayor: A Justice Like No Other." p. 2.

"Estoy parada aquí": "The Life of Sonia Sotomayor," ABC News.

"¿Quién soy?": Sotomayor, "Lecture: 'A Latina Judge's Voice'."

La trayectoria extraordinaria de la Jueza Superior Sonia Sotomayor

"Si le dedicaran más tiempo": Carson, Believing in Yourselves, p.21.

"Casi no puedo sentir mi cuerpo": Graglia, "Pride of Sonia Sotomayor Reflected in Spanish-Language Media."

11/14 Ⓕ 10/14
3/19 Ⓢ 3/17